PAS DE RÉPUBLIQUE,

PAS DE PEUPLE, PAS DE ROI,

TOUTE LA FRANCE

DANS UNE CHAMBRE.

C'est dans un cercle étroit resserrer ses grandeurs.

TURPIN, *Frag. de Cyrus.*

RÉPONSE D'UN ÉLIGIBLE

A UN PAIR, ÉLECTEUR DE PONTOISE.

PARIS,

CHEZ LES MARCHANDS DE NOUVEAUTÉS.

1833.

PARIS.—IMPRIMERIE DE P. DUPONT ET LAGUIONIE,
rue de Grenelle Saint-Honoré, n° 55.

QUESTIONS

EN REVENANT DE PONTOISE.

Faut-il proscrire ou rappeler les bannis?
Y a-t-il en France une république, un peuple,
*   un roi?*
Ou une oligarchie qui maîtrise le roi et le peuple?
Louis-Philippe sera-t-il tyran, quoique Bourbon?
Ou roi, parce que?

> Les Grecs appellent du nom de *tyran* les bons et les mauvais princes dont l'autorité n'est pas légitime : ce qui distingue le tyran du roi, c'est que le premier est obligé de gouverner pour son propre intérêt, au lieu que le roi règne pour l'intérêt de tous.
>
> (ARISTOTE, *Mor. Nicom.*, L. VIII, c. 10.)

MONSIEUR ET TRÈS ILLUSTRE CONCITOYEN,

Votre lettre du 29 décembre m'a trouvé l'âme en deuil; j'avais appris la mort du grand citoyen que vous pleurez. M. de Lameth fut une des célébrités parlementaires de la France; pour remplacer dans la chambre cette haute illustration qu'avait épurée l'expérience, faites choix de quelqu'autre illustration aussi juste et, s'il se peut, égale. L'offre que vous me faites de votre suffrage, qui, je n'en doute pas, entraînerait ceux de vos amis, prouve que vous m'aimez trop pour juger sainement de ma médiocrité. Je vous la confesse : mais, grand Dieu ! qu'on court risque d'être vain, quand on est fier d'une haute protection ; je fus si ébloui de la vôtre qu'en me jugeant sur votre parole, et me croyant l'émule des plus célèbres orateurs de la Grèce, j'avais résolu de me présenter à votre assemblée olympique pour obtenir la couronne que vous me montriez, et qui n'appartient qu'aux Démosthène, aux Sophocle, aux Euripide, ou à vous, Monsieur, qui voulez pouvoir dire, comme M. Dupin :

C'est moi qui fais les rois et n'ai pas voulu l'être.

Les illusions qui nous charment ne durent pas plus qu'un heureux songe : les miennes n'ont pu se soutenir après le réveil de la raison ; elles s'évanouirent dès que, ramenant mes yeux sur moi-même, après les avoir tenus fixés sur vous, je me vis tel que la nature, l'étude, les guerres m'ont fait : dépourvu des qualités législatives.

Rougissez, Monsieur, rougissez pour votre ami de sa nudité ; ce serait vainement que vos souvenirs fouilleraient dans les tombes de mon aïeul Turpin et de mon père Montigny pour me couvrir de leurs dépouilles ; l'armure ne fait pas le guerrier. Patrocle resplendissant sous le casque d'Achille, tomba sous la lance d'Hector. J'ai résolu, afin d'éviter un sort pareil, de vous faire l'aveu public de ma faiblesse, confession nécessaire, et qui ne coûte ordinairement rien à mon amour-propre : mais que cet aveu m'est pénible, à présent qu'il me faut renoncer à une gloire plus véritable que l'autre gloire qui ne dure pas même autant que la vie, qui nous quitte, et qu'on expie dans l'obscurité de la retraite !

C'est l'immortalité que vous donnez, Monsieur, que je refuse, comme Ulysse, par amour de mon pays. Je connais la grandeur du sacrifice, et ce n'est pas sans éprouver de vifs regrets et une profonde reconnaissance que je dis en vous contemplant et en comptant les électeurs de Pontoise : Heureuse la ville qui renferme un si grand nombre de bons citoyens, les plus dignes de la représenter !

Après cela, la profession de foi que vous me demandez devient inutile ; et c'est uniquement parce que mon sentiment diffère du vôtre que je ne veux pas tarder à répondre à toutes les questions contenues dans votre lettre. Je le ferai consciencieusement, mais dans un sens qui, achevant de vous dissuader de faire de moi un souverain député, ne me fera, je crois, rien perdre de votre estime.

Ce n'est pas sans y avoir réfléchi que je me suis convaincu qu'il n'y a de possible dans l'ordre des sociétés, et dans ses situations privées ou publiques, que des légitimités.

Les légitimités gouvernementales, qui doivent être harmonieusement concertées, consistent dans la forme et dans les individus. Quand la forme est légitime, c'est que le magistrat l'est également.

La seule forme qu'on puisse dire légitime c'est la *République* (*Contr. Soc.*), qui peut être de trois sortes, monarchique, aristocratique, démocratique.

La plus parfaite est celle qui réunit les trois modes. (*Remarque sur la* 1_{re} *Décade de* Tite-Live.)

La monarchie quand on y observe les lois est aussi une république. (J.-J. Rousseau.)

Ainsi la monarchie est républicaine (*Contr. Soc.*) quand les grands et le peuple ont chacun une part convenable aux affaires publiques et à la confection des réglemens nouveaux ; qu'on y observe les anciennes lois, et les usages d'où sont venus tous les droits.

Ceci posé, Monsieur, je reconnais que la charte de 1814 fut une république calquée, autant que possible, sur le plan de celle de Lycurgue, et d'autant plus parfaite que le législateur avait rétabli d'anciens usages et conservé la plupart des nouveaux, harmonisant les temps anciens e les modernes.

La prétention que Louis XVIII avait eue de l'octroyer, n'autorisait pas les virulentes réclamations des amans de la liberté, qui se montrèrent toujours plus susceptibles que prudens. S'ils ne se fussent pas tant préoccupés de cette délicatesse puérile, ils auraient vu que l'œuvre octroyée n'obligeait la nation qu'autant qu'elle se trouvait heureuse, au lieu qu'elle liait son auteur et ses successeurs dans toutes les circonstances possibles. (*Remarque sur la* 1re *Décade de* TITE-LIVE.)

Et c'est ce qui parut dernièrement lorsque, sans tenir compte à Charles X d'une nécessité assez pressante à laquelle il se voyait réduit depuis l'adresse des 221, toute la nation se leva comme un seul homme, ce qui certes ne fût pas arrivé si la loi, qu'il parut vouloir changer, lui eût été imposée à lui-même. Où aurait été le parjure? Et c'est cette idée, qu'il était un parjure, qui souleva amis et ennemis, parce que, à part les intrigans et les scélérats, le peuple en France est de la religion de l'honneur et des lois.

Et quant à la légitimité des rois, j'observe qu'il en fut de même à Sparte où les rois élus à vie devaient être de la race des Héraclides ; Lycurgue ayant senti que pour qu'ils tinssent la balance égale entre le sénat et le peuple, il convenait qu'ils fussent en dehors de ces deux corps et désintéressés dans leurs rivalités.

Cependant les républiques de Lycurgue et de Louis XVIII eurent des destinées différentes ; la première, où le peuple faisait ses affaires lui-même, ayant subsisté huit siècles sans trouble, tandis que la nôtre a péri dans une émeute, après quinze années seulement d'un essai assez heureux, et qui même ne fut pas sans gloire. Ce qui arriva, je crois, parce qu'au lieu du peuple, qui ne conspire jamais, on fut obligé, en raison de la grandeur du pays, de lui donner une représentation ambitieuse et turbulente comme elles le sont toutes, qu'on ne pensa pas à contenir, par le rétablissement de l'usage des cahiers ; coutume sainte à laquelle on avait substitué la corruption anglaise. Vous savez, monsieur, que les membres de la chambre basse, en Angleterre, sont depuis long-temps les arbitres des communes, dont, aux termes des stipulations, ils devraient prendre les ordres, comme cela avait lieu précédemment ; car les rois instruisaient le pays des matières qui devaient être discutées, et les villes, éclairées sur leurs intérêts, traçaient un cercle où leurs députés se tenaient renfermés La même chose avait lieu en

France. (Turpin, *Histoire des Révolutions d'Angleterre.*)

Cet oubli, fait à dessein peut-être, fit qu'au lieu d'une nation participant à la confection des lois, on eut des souverains députés. Qu'avaient à faire de mieux quatre cents usurpateurs des droits du peuple et qui voulaient se perpétuer, que d'alarmer le peuple sur ses droits? Le bon sens public s'y laissa prendre, d'abord au sujet de la réduction de l'intérêt, qui eût profité au public, à l'agriculture, au commerce, et qui fit pousser des cris aussi sensés que ceux des lazzaroni de Naples, qui versaient des larmes parce que Championnet avait aboli le titre d'excellence et la gabelle.

Arrivons au ministère Polignac, à cette suffisance de courtisan qui fut une insuffisance politique sans exemple. Certes, Charles X ne pouvait pas, dans son propre intérêt, faire un choix qui fût plus mauvais. Il faut bien reconnaître qu'il fut impopulaire dès le principe; mais ce choix étant un droit de la couronne, il devait être supporté jusqu'aux actes, dont l'investigation appartenait aux chambres. On n'eut pas cette patience, peut-être de peur qu'aucun acte ne vînt donner lieu à l'explosion qu'on avait préparée; on vit alors deux cent vingt-un députés attaquer A GENOUX, dans une adresse inconstitutionnelle, la prérogative royale, qu'ils avaient rendue plus susceptible par des flatteries qui rappellent le sénat de Tibère, et qu'auparavant ils avaient coutume de prodiguer en toute occasion.

La révolution de juillet, comme l'a dit un excellent journal (le Courrier Français), était écrite dans l'adresse des deux cent vingt-un.

Privé du concours de la chambre, certes il ne restait au roi que la voie des ordonnances; malheureusement celles qu'on est convenu d'appeler *fatales*, le furent réellement à force d'ineptie.

L'inconstitutionnalité de l'adresse était patente, donc c'était la constitution que les ordonnances devaient sauver ; il parut à celles qui sortirent qu'on la voulait déchirer.

Il est de principe, Monsieur, que la violence n'est permise que quand elle tourne au profit de la liberté. C'était dans ce sens que les ordonnances pouvaient mériter l'assentiment de la nation.

Elles auraient dû rétablir l'usage des cahiers, donner l'entrée des colléges à toutes les capacités, aux magistrats, avocats, avoués, notaires, officiers de l'armée, de la Légion-d'Honneur ; abaisser le cens et en étendre le privilége aux fermiers, qui acquittent l'impôt à la place des propriétaires.

Pour avoir fait précisément le contraire, on eut les journées de juillet qu'on célèbre et qu'on calomnie. Et moi aussi, Monsieur, j'exalte la discipline des soldats et le grand mouvement du peuple qui renversa l'arbitraire sans rien entreprendre contre le pouvoir ; du peuple qui, après avoir vaincu pour les lois, ne songea pas à imposer sa loi ; du peuple dont le seul cri entendu des enfers pendant les carnages, et qui s'éleva jusqu'au ciel après la victoire, fut constamment celui de VIVE LA CHARTE !

Il n'est plus temps, Monsieur, de regretter cette charte pour laquelle tant de braves sont morts, pour laquelle cent mille Parisiens ont risqué de mourir. Une autre charte fut improvisée par des hommes qui avaient apparemment mission de le faire. Ni le duc d'Orléans ni la France n'eurent part à cette œuvre, ce qui n'empêche pas que la France et le roi lui doivent obéissance, *s'ils s'en trouvent bien*. Cependant, si j'en juge par les combats des rues, par la loi de l'état de siége, de trouble, de guerre, ni la France ni le roi ne sont si aises qu'on veut bien le dire.

D'où provient ce malaise ? Le vice n'est pas dans les hommes : Philippe, Soult, de Broglie, d'Argout : force est de le trouver dans les réglemens. Ou je me trompe, ou la forme tend à l'oligarchie qui est sans légitimité, puisque c'est l'oppression du petit nombre pesant sur le tout ; et il n'en faudrait pas davantage ; c'est pourquoi je vous prie de me dire si votre chambre des pairs

est bien réellement la représentation de l'aristo-
cratie, et la chambre élective celle de la démocra-
tie. Pour moi, je crois y apercevoir quelque con-
fusion : si je me trompe, ayez la bonté de me le
dire.

Je vous l'ai dit en commençant : quand la forme
est légitime, le magistrat l'est aussi, et *vice versa*.

Rappelez-vous, Monsieur, ce lazzi d'un orateur,
lazzi dont on a fait une loi, apparemment parce
que tout ce que dira ce grand orateur fera loi ;
c'est du *quoique* opposé au *parce que*, que je tire
cette conclusion.

Nous avons dit au duc d'Orléans : « Nous vous
« faisons roi, non parce que vous êtes premier
« prince du sang, mais quoique vous soyez prince
« du sang ; c'est le soldat tricolore, le soldat de
« Jemmapes, le plus digne que nous élevons sur
« le pavois. »

Le soldat de Jemmapes plus digne que le vainqueur d'Austerlitz, le duc de Chartres plus digne
que Soult ?

Un prince qu'on dégrade, roi digne ! Vous
mentez peut-être de bonne foi, mais enfin vous
mentez, mon cher orateur : il en est de la parole
comme des armes et de la fortune, qui sont incon-
stantes et journalières.

Tyran, tyran, tyran : c'est tout ce que votre
caprice peut faire. Lisez plutôt : « Les Grecs appel-

« lent du nom de tyran les princes bons ou mau-
« vais dont l'autorité n'est pas légitime ; et la dif-
« férence qui distingue le tyran du roi, c'est que
« le premier est obligé de gouverner pour sa pro-
« pre utilité, et que le second règne pour l'utilité
« de tous. » (*Arist. cité par* ROUSSEAU, *Contr. Soc.*)

Les autorités sont assez bonnes, on ne les peut décliner ; c'est une tyrannie qu'on a instituée : faute d'avoir voulu voir que le duc d'Orléans était le *seul digne* par sa naissance, on a eu les troubles de Grenoble, de Lyon, de la Vendée et de Paris ; il faut à la tyrannie des lois de terreur, et l'on discute l'état de siége, l'on demande des fonds secrets ! Votez, votez ces lois, et songez bien qu'elles seront encore insuffisantes !

Croyez-moi, Monsieur, il n'y a pas moyen de discuter, il n'y a qu'à voter ces lois et d'autres plus mauvaises encore, par nécessité !

J'avoue que dans un pays d'élection le roi élu *par ceux qui ont droit d'élire*, serait légitime. Mais nous sommes en France, où il existe une loi qui règle la succession au trône. Permettez que je la cite littéralement.

« La coutume des Francs fut toujours de choisir
« leurs rois dans la race et dans la succession du
« roi dernier régnant. Ils n'élurent pas Charles-
« le-Simple aussitôt après Charles-le-Gros, parce
« qu'il était alors enfant de corps et d'esprit, et

« qu'il n'aurait pas sauvé la nation en proie à la
« cruelle persécution des Normands. » (FLODOARD,
Hist. RUNENS, G. XIV.)

Cependant, Arnould s'étant plaint de ce qu'on
n'avait pas consulté les autres rois, le même ar-
chevêque de Reims lui répondit : « Ce n'est pas la
« coutume des Francs, lorsqu'ils élisent leur roi,
« de prendre l'avis des autres rois, fussent-ils
« plus grands et plus puissans. »

Cette diplomatie était noble, et devait son
énergie à la puissance des usages et à la sainteté
de la loi ; manquant de cet appui, la diplomatie
de juillet fut ce qu'elle devait être : elle fit hom-
mage aux rois. A qui la faute?

Cependant, Monsieur, reportons-nous au
7 août : vous étiez en présence de l'abdication
de Charles X; elle était en faveur du duc de Bor-
deaux ; celui-ci était enfant de corps et d'esprit,
comme Charles-le-Simple : les cas étaient pareils
et la loi précise.

On ne pouvait élire que LE DUC D'ORLÉANS,
on devait l'élire, PARCE QU'IL était seul prince
robuste de la race des rois; et cet acte de souveraineté ne pouvait être légitimement fait que
par le peuple assemblé. La charte de Louis-le-
Débonnaire porte

« Que le peuple assemblé élise celui des princes
« mes fils qui sera le plus agréable à Dieu. »

Voilà le droit divin que bien peu de gens comprennent. *Le peuple assemblé* ne signifie pas la populace en tumulte ; c'est le vrai peuple régulièrement convoqué à l'occasion d'une fonction de souveraineté qui ne peut se déléguer. *Le pouvoir peut se transmettre, non la volonté.* (*Contr. Soc.*)

Cependant Philippe VII, roi par la loi de l'état, par l'élection, roi *parce que*, eût régné pour l'utilité de tous ; les lois les plus douces qui conviennent le mieux à son cœur, auraient aussi suffi au maintien du bon ordre.

Un enfant était exclu, mais il n'était pas proscrit : sans droit au trône, parce qu'il n'avait pu nous sauver, il restait prince français.

. Quoi ! proscrire, et qui ? un débile vieillard et un enfant. Amans de la liberté, ne descendez pas à cette flatterie, qui vous dégraderait ; n'immolez pas des malheureux à l'heureux que vous avez flatté ; soyez au moins aussi généreux que l'autocrate qui prit hardiment la couronne de Constantin, mais qui lui permit de rester Russe.

Il me semble que le bannissement des Bourbons et de la famille Bonaparte équivaut en leur faveur à la reconnaissance d'un droit. Qu'on ne s'étonne donc pas de la tentative faite par Madame, et qui avait pour but de faire prévaloir le droit de son fils, droit qui n'est point dans la loi de succession, mais qui résulte de l'acte violent qui le prive de la qualité de Français, absurdité barbare s'il en fut.

Qu'on ne s'étonne pas davantage de la candidature de Joseph. Tacite a dit : « Chez les Francs la naissance fait les rois, la vertu les généraux. » La vertu de son frère en fit un empereur ; Joseph a des vertus, c'est l'empire, qui, étant de sa nature électif, appartient au plus digne ; Joseph se désigne lui-même : après la bataille de Salamine, chacun des Grecs en fit autant.

S'ils ont des droits, Joseph à l'empire, Henri à la royauté, ils auront pour eux les hommes qui ne sont que justes ; on les proscrit, les cœurs généreux se soulèvent, et il s'y joint les mécontens qui, dans l'état le mieux réglé, sont le plus grand nombre, à plus forte raison dans un état nouveau, qui n'a pas encore de régle fixe, et où l'on est forcé d'appeler loi la violation des lois, dans un état où il n'y a ni roi, ni peuple.

La France est un vaste bouclier qui couvre tous les infortunés.

Chose étrange ! les mêmes hommes dont les cœurs compatissans saignent à une représentation de Mérope, provoquent des rigueurs contre une mère tendre et généreuse ; eux qui s'élancent avec Égisthe, armés de la hache homicide, sur le tyran, précipitent un bon prince dans la cruauté, sans voir qu'il leur ferait horreur s'il avait la faiblesse d'imiter Poliphonte, et d'être le bourreau de sa famille.

Ne craignons rien de si abominable de la part de Louis-Philippe; le rappel de quelques conventionnels n'est que l'exécution du sublime testament de Louis XVI. Le temps n'est pas éloigné où, osant s'élever à la sublime vertu, il méritera les applaudissemens de toute la France. Roi légitime par la loi et par le peuple, il osera dire :

Il apprendra sous moi les leçons de la gloire.

Habiter le territoire, c'est se soumettre à la souveraineté. (*Contr., Soc.*)

Je termine, Monsieur, par une argumentation sur la prétendue élection *quoique.*

La condition légale, pour être élu député, consiste dans l'âge et le cens. Qu'un élu se présente, élu par la grande voix du peuple ; une année, un mois d'âge ou quelques centimes de moins annuleront l'élection, et les portes de la Chambre se fermeront pour lui.

La condition écrite dans la loi de succession, loi de quatorze siècles, loi par conséquent de progrès et de stabilité, est que pour être élu roi *par le peuple assemblé* il faut être de la race du roi dernier régnant ; ôtez-lui sa qualité de prince, le peuple ne le pouvait élire, à plus forte raison une assemblée assez peu régulière ne le pouvait pas davantage.

Si donc le duc d'Orléans, auquel on a octroyé ces conditions, n'avait pas à objecter la violence qui lui fut faite, il arriverait que le peuple, qu'on n'a pas consulté, regardant l'élection comme une violation de ses droits et de la loi, serait très disposé à lui opposer quelque autre prétendant légitime ou digne.

Tels sont mes sentimens, Monsieur ; ils diffèrent de vos opinions que je respecte, mais auxquelles je ne peux m'assujettir.

Si, malgré cela et mon peu de mérite, vous persistiez, avec vos amis, à faire de moi le successeur de M. Ch. de Lameth, vous savez d'avance que ma voix s'élèverait dans la Chambre

1° Pour la légitimité de la forme gouvernementale ;

2° Pour la légitimité du roi de la république ;

3° Pour le rappel de tous les bannis ;

4° Pour le rétablissement des cahiers, et de la coutume de communiquer à la nation les matières mises en délibération ;

5° Pour l'établissement d'une éducation nationale, réglée par une loi, à part de l'éducation libre ;

6°. Pour la suppression du fonds secret (*Contr.* *Soc.*, *liv.* III, *sect.* xv.);

7° Contre l'établissement des commissions militaires dont se passe fort bien la légitimité, et au moyen desquelles une tyrannie *promet aux sujets* la tranquillité civile.

« Soit, dit Rousseau ; mais qu'y gagnent - ils
« si les guerres que la tyrannie leur attire, si
« l'insatiable avidité du tyran, si les vexations
« du ministère les désolent plus que ne feraient
« leurs dissensions ? Qu'y gagnent-ils, si cette
« tranquillité même est une de leurs misères ?
« On vit tranquille aussi dans les cachots, est-ce
« une raison de s'y trouver bien ? Les Grecs en-
« fermés dans l'antre du cyclope y vivaient tran-
« quilles, en attendant que leur tour vînt d'en
« être dévorés. »

Ces paroles énergiques du patriarche de la vraie liberté, qui est la sûreté pour tous, je les cite parce qu'elles peignent la situation des choses, sans en faire l'application aux personnes dont les qualités sont incontestables ; et c'est cela même qui montre évidemment que l'état est mauvais, *parce qu'il est illégitime* dans sa forme et dans la personne du magistrat.

Les adorateurs de tous les rois, heureux s'entend, qui liront ces lignes, diront : *Il n'aime pas le roi.* Mais qu'entend-on par *aimer le roi ?* ne serait-ce pas jouir de la faveur, être en possession des graces, disposer des emplois; garder pour soi les meilleurs, voter des impôts pour recevoir de gros gages? Aurais-je deviné, Monsieur? Au reste, je passe condamnation; il est vrai que je n'ai jamais pu me soumettre de cœur au maître pour lequel on fait des lois contre la loi; tout ce que je peux faire, c'est d'être bon Français, comme Agricola fut Romain en se perdant dans la foule. J'obéis, et je ne hais pas Louis-Philippe vainqueur d'Anvers, de Paris, de Lyon: l'heureux Philippe enfin, pour lequel on proscrit sa propre famille et celle de l'empereur, n'a droit qu'à mon obéissance; malheureux et vertueux, il aurait mon amour.

Croyez, Monsieur, à mon sincère attachement pour vous, et à mon respect pour le collége dont vous êtes membre.

CHARLES DE MONTIGNY (TURPIN),

Ancien général, agriculteur à Montgé,
(Seine-et-Marne.)